Omar Fleme

I tesori perduti della storia

(Enygma Chronicles)

Titolo: I tesori perduti della storia
Autore: Omar Flemeth

© Tutti i diritti riservati all'Autore
Nessuna parte di questo libro può essere riprodotta senza il preventivo assenso dell'Autore.

Prima edizione: Gennaio 2024

Indice

1. **Introduzione**
   - Significato e fascino dei tesori perduti
   - Cenni storici e culturali

2. **L'Era dei Tesori Antichi**
   - Il Tesoro di Tutankhamon
   - I Tesori della Città di Troia
   - La Tomba di Qin Shi Huang e i Guerrieri di Terracotta

3. **Tesori Scomparsi nel Medioevo**
   - L'Arca dell'Alleanza: Mito e Realtà
   - Il Santo Graal: Dalle Crociate ai Romanzi Arturiani
   - I Tesori dei Templari

4. **Le Leggende dei Pirati e i loro Tesori**
   - Il Tesoro di Capitan Kidd

- La Banda di Barbanera e il Tesoro Maledetto
- I Misteri dei Caraibi: Tesori Sommersi e Navi Fantasma

5. **I Tesori Perduti delle Civiltà Americane**

    - El Dorado: La Città d'Oro
    - Il Tesoro degli Aztechi e la Conquista di Cortés
    - I Misteri delle Città Maya

6. **Epoca Moderna: Tesori Perduti e Non Ritrovati**

    - Il Tesoro di Yamashita nelle Filippine
    - L'Amber Room: La Stanza Scomparsa della Russia
    - I Tesori Nascosti del Terzo Reich

7. **Tesori Perduti in Mare**

    - Il Mistero del Naufragio del San José

- La Flotta Perduta di Kublai Khan
- Le Spedizioni Polari Perdute e i loro Tesori

8. **Tesori Perduti e Leggende Urbane**
   - La Camera d'Oro di Nuremberg
   - Il Tesoro di Alarico e il Fiume Busento
   - Il Tesoro del Lago Toplitz

9. **Metodologie di Ricerca e Scoperta**
   - Archeologia Moderna e Ricerche Subacquee
   - Tecnologie Avanzate nella Ricerca di Tesori
   - Problematiche Etiche e Legali

10. **Conclusione**
    - Riflessioni sul valore storico e culturale dei tesori
    - L'eterno fascino del mistero

Introduzione

Significato e Fascino dei Tesori Perduti

"In ogni cuore umano c'è un tesoro nascosto."

Fin dall'alba della civiltà, l'uomo è stato affascinato dall'idea del tesoro: una ricchezza talmente grande da cambiare il destino di chi la possiede. Ma cosa rende i tesori perduti così irresistibili? È la loro ricchezza materiale, la storia che racchiudono, o il semplice brivido della caccia?

I tesori perduti non sono semplicemente accumuli di oro e pietre preziose. Sono caleidoscopi di storie, culture e misteri. Ciascuno di essi è un enigma, un frammento di storia che aspetta di essere scoperto e compreso. Quando parliamo di tesori perduti, non ci riferiamo solo a ciò che è stato fisicamente smarrito. Parliamo anche di quel che è stato dimenticato, celato o sottratto dalla storia, aspettando di essere riportato alla luce.

Il fascino dei tesori perduti risiede nel loro potere di connetterci con il passato. Sono ponti verso civiltà lontane, segni tangibili di epoche e popoli che altrimenti rimarrebbero confinati nelle pagine polverose dei libri di storia. Il loro recupero è un atto di riscoperta e di riconnessione con le nostre radici più profonde.

Ma c'è anche un altro aspetto che attrae gli uomini ai tesori: il mistero. La ricerca di un tesoro è un viaggio nell'ignoto, un'avventura che mette alla prova il nostro ingegno, la nostra determinazione e la nostra capacità di affrontare l'inesplorato. È la stessa ragione per cui amiamo le storie di pirati, esploratori e avventurieri. Nei tesori perduti, troviamo l'eco di quelle storie, la promessa di un'avventura che attende solo di essere vissuta.

Questo libro è un tributo a quel fascino, un viaggio attraverso le epoche e i continenti alla scoperta dei più grandi tesori perduti della storia. Da quelli sepolti nelle sabbie dell'Egitto alle ricchezze affondate nei mari caraibici, ogni capitolo svela un pezzo di quel mosaico incredibile che è la nostra storia collettiva.

Ma prima di immergerci in questo viaggio, fermiamoci un attimo a riflettere su cosa significa veramente "tesoro". Un tesoro non è solo oro e gioielli. È un simbolo di ciò che una civiltà valutava, un testimone delle sue credenze, della sua arte e del suo modo di vivere. I tesori ci parlano non solo di ricchezza, ma anche di potere, religione, arte e conflitti. Sono custodi silenziosi di segreti dimenticati, atti a svelare verità nascoste su culture antiche e su noi stessi.

In queste pagine, non solo scopriremo dove e perché questi tesori sono stati nascosti o perduti, ma anche come la loro ricerca ha influenzato la storia moderna e continua ad affascinare il mondo. Dal cacciatore di tesori amatoriale all'archeologo professionista, la ricerca di questi tesori ha spesso portato a scoperte sorprendenti che vanno oltre il valore materiale.

Iniziamo quindi questo viaggio, un'esplorazione non solo di terre e mari, ma anche dell'animo umano e della sua eterna attrazione verso il mistero, l'avventura e la scoperta.

Cenni Storici e Culturali

"I tesori del passato sono le chiavi del futuro."

Per comprendere appieno il significato dei tesori perduti, è essenziale esplorare il contesto storico e culturale in cui sono stati creati e, successivamente, smarriti. Ogni tesoro è un prodotto del suo tempo, forgiato dalle mani dell'uomo e dalle circostanze storiche in cui è vissuto.

La Storia come Testimone

La storia umana è costellata di momenti di grande prosperità e di tragiche distruzioni. Civiltà sono sorte e cadute, lasciando dietro di sé non solo rovine, ma anche storie di inestimabili tesori. Questi tesori spesso servivano come simboli di potere e prestigio o come offerte religiose, creando legami profondi tra il materiale e il spirituale.

La caduta di un impero, la conquista di una città, o anche un disastro naturale potevano far scomparire queste ricchezze. In alcuni casi, furono nascosti intenzionalmente per proteggerli da invasori o ladri, sperando in un recupero che non avvenne mai. In altri, furono semplicemente dimenticati, sepolti sotto strati di storia e tempo.

Cultura e Tesori

Oltre all'aspetto storico, i tesori perduti sono intrinsecamente legati alle culture che li hanno creati. Ogni oggetto, dalla più piccola moneta alla più imponente statua, racconta una storia culturale. I materiali utilizzati, il design, l'artigianato, e le tecniche di lavorazione riflettono le conoscenze, le credenze e l'estetica di un popolo.

Studiare questi tesori ci offre una finestra sulle pratiche religiose, sulle strutture sociali e politiche, e sulle interazioni tra diverse culture. Attraverso loro, possiamo vedere come i valori e le priorità di una società siano cambiate nel tempo, e come questi cambiamenti si riflettano nei tesori che hanno scelto di creare e conservare.

La Fascinazione Moderna

Nel mondo contemporaneo, i tesori perduti continuano ad affascinare. Sono oggetto di libri, film e leggende, alimentando la nostra immaginazione e la nostra sete di avventura. Ma perché continuiamo a essere così attratti da questi frammenti del passato?

Forse è il desiderio di connessione con un passato che sembra sempre più distante nella nostra era digitale e veloce. O forse è la semplice brama di avventura e scoperta, il desiderio di svelare i misteri e di toccare con mano la storia. I tesori perduti sono simboli di queste aspirazioni universali, ponti tra il passato e il presente, tra il conosciuto e l'ignoto.

I tesori perduti sono molto più di semplici accumuli di oggetti preziosi. Sono testimonianze di epoche passate, di culture che non esistono più, e di storie che attendono di essere raccontate. Sono simboli del nostro legame col passato e veicoli per capire meglio chi siamo e da dove veniamo. Nel proseguire questo viaggio alla scoperta dei più grandi tesori perduti, ricordiamo di guardare oltre il loro valore materiale, e di cercare le storie, le persone e le culture che vivono attraverso di loro.

Capitolo 2: L'Era dei Tesori Antichi

Il Tesoro di Tutankhamon

"Un viaggio nel cuore dell'antico Egitto, alla scoperta di uno dei più affascinanti misteri della storia."

La storia del Tesoro di Tutankhamon inizia non nel lontano Egitto dei faraoni, ma nell'Egitto del XX secolo, quando l'archeologo britannico Howard Carter fece una scoperta che avrebbe cambiato per sempre la nostra comprensione dell'antico Egitto.

La Scoperta

Il 4 novembre 1922, in una valle polverosa nota come la Valle dei Re, Carter scoprì l'ingresso di una tomba quasi intatta. Dopo anni di ricerche, finanziato dal mecenate Lord Carnarvon, Carter era finalmente riuscito a trovare ciò che sembrava essere una tomba reale. Il 26 novembre, Carter e Carnarvon aprirono la porta sigillata, e per la prima volta in millenni, gli occhi umani si posarono sui tesori di Tutankhamon.

Il Faraone Bambino

Tutankhamon, noto anche come il Faraone Bambino, salì al trono d'Egitto all'età di nove anni, nel 1332 a.C., e morì misteriosamente all'età di diciannove anni. La sua breve reggenza fu segnata da significativi cambiamenti religiosi e politici, ma fu soprattutto dopo la sua morte che Tutankhamon divenne una figura leggendaria.

Un Tesoro Inestimabile

All'interno della tomba, Carter e il suo team scoprirono oltre 5.000 oggetti. Tra questi vi erano statue d'oro massiccio, gioielli, troni, armi, un magnifico carro da guerra, e la famosa maschera funeraria in oro di Tutankhamon. Ogni oggetto era un capolavoro di arte e artigianato, ricco di simbolismo religioso e di grande valore storico.

Ma più che per il loro valore materiale, questi oggetti erano preziosi per ciò che rivelavano sulla vita e sulla cultura dell'antico Egitto. Grazie a questa scoperta, gli studiosi furono in grado di fare luce su aspetti della vita quotidiana, delle credenze religiose e delle pratiche funerarie di una delle civiltà più affascinanti della storia umana.

Il Mito e la Maledizione

La scoperta del tesoro di Tutankhamon non fu priva di drammi. Poco dopo l'apertura della tomba, Lord Carnarvon morì in circostanze misteriose, dando vita alla leggenda della "maledizione del faraone". Anche se gli storici hanno da tempo smentito l'esistenza di una maledizione, il mito ha continuato a circondare la figura di Tutankhamon e il suo tesoro.

Conclusione

Oggi, il tesoro di Tutankhamon è esposto in musei di tutto il mondo, attirando milioni di visitatori affascinati da questa finestra sul passato. Il suo ritrovamento non è stato solo uno dei più grandi eventi nella storia dell'archeologia, ma anche un promemoria dell'immensa ricchezza culturale che il passato ha da offrire. Attraverso il tesoro di Tutankhamon, possiamo avvicinarci al mondo dell'antico Egitto, comprendendo meglio una civiltà che, nonostante sia scomparsa migliaia di anni fa, continua a parlare all'umanità intera.

I Tesori della Città di Troia

"Svelare i segreti di una città avvolta nella leggenda."

La città di Troia, immortale grazie all'epopea omerica dell'Iliade, ha da sempre suscitato curiosità e fascino. Ma è stata l'ossessione di un uomo, Heinrich Schliemann, a trasformare quella che era considerata una mera leggenda in una realtà storica palpabile.

La Ricerca di Schliemann

Alla fine del XIX secolo, l'archeologo autodidatta tedesco Heinrich Schliemann intraprese una missione per dimostrare che la città di Troia, descritta da Omero, non era solo un prodotto della fantasia letteraria, ma un luogo reale. Nel 1871, Schliemann iniziò gli scavi sul sito di Hisarlik, in Turchia, convinto che fosse la posizione dell'antica Troia.

La Scoperta e il Controverso Tesoro

Schliemann scoprì diverse strati di insediamenti antichi, ma fu nel secondo strato che trovò quello che credeva fosse il Tesoro del Re Priamo, il leggendario sovrano di

Troia. Questo tesoro conteneva migliaia di oggetti, tra cui gioielli, vasi in oro, argento e rame, e magnifiche armature.

Tuttavia, le metodologie di scavo di Schliemann erano discutibili e spesso distruttive, e la sua identificazione del tesoro con quello di Priamo fu in seguito contestata dagli studiosi. Nonostante queste controversie, il valore storico e culturale di questi oggetti rimane inestimabile.

Il Tesoro e la Storia

Il tesoro di Troia offre uno sguardo unico nella vita e nella cultura dei popoli che abitarono quella regione nel II millennio a.C. Gli oggetti ritrovati parlano di una società complessa e cosmopolita, con connessioni commerciali e culturali che si estendevano ben oltre il mondo egeo.

Troia tra Mito e Realtà

La scoperta di Schliemann non ha solo illuminato aspetti della storia antica, ma ha anche riacceso l'interesse per l'epica di Omero, stimolando un dibattito ancora vivo tra storici e archeologi. Quanto della storia di Troia narrata nell'Iliade è realtà e quanto è mito? Il tesoro ritrovato è un ponte tra questi due mondi, un invito a continuare a esplorare e a interrogarci sul passato.

Oggi, il Tesoro di Troia è disperso in vari musei del mondo, e la sua storia rimane oggetto di fascino e dibattito. La storia del suo ritrovamento è un promemoria del sottile confine tra mito e realtà, e del potere della determinazione umana nel cercare di svelare i segreti del passato. Con ogni oggetto recuperato da quel sito antico, si aggiunge un nuovo tassello al complesso puzzle della storia umana.

La Tomba di Qin Shi Huang e i Guerrieri di Terracotta

"Un esercito immortale per l'eternità."

Nel 1974, alcuni contadini nella provincia di Shaanxi, in Cina, fecero una scoperta straordinaria: una vasta armata di statue di terracotta, sepolta per oltre duemila anni. Questo incredibile ritrovamento era solo la punta dell'iceberg di uno dei più grandi tesori archeologici mai scoperti: la tomba di Qin Shi Huang, il primo imperatore della Cina.

L'Imperatore e il suo Regno

Qin Shi Huang, nato nel 259 a.C., è noto per aver unificato la Cina e per aver posto le fondamenta per la sua struttura imperiale futura. Il suo regno fu segnato da conquiste, riforme radicali e un controllo autoritario. Tuttavia, la sua ossessione più grande era l'immortalità e la costruzione di un mausoleo che fosse un riflesso del suo potere e della sua grandezza.

Gli Eserciti di Terracotta

La scoperta dei Guerrieri di Terracotta ha svelato un aspetto mai visto dell'antica Cina. Ogni statua, dalle dimensioni reali, era unica: con differenti tratti del viso, acconciature e uniformi. Queste figure non erano solo una dimostrazione di maestria artistica; erano simboli del potere e della visione di Qin Shi Huang. L'armata di terracotta, composta da oltre 8.000 soldati, 130 carri con 520 cavalli e 150 cavalleria, era destinata a proteggere l'imperatore nell'aldilà.

Oltre i Guerrieri

Ma i Guerrieri di Terracotta sono solo una parte del complesso mausoleo. La tomba stessa, secondo le antiche fonti, è un microcosmo dell'impero di Qin, con palazzi, fiumi di mercurio e gioielli che rappresentano gli astri. La maggior parte di questo mausoleo rimane inesplorata, principalmente per timore di danneggiare i reperti e a causa delle sfide tecniche.

Significato Storico e Culturale

La tomba e i guerrieri offrono una visione senza precedenti nell'arte, nella cultura e nella storia militare della Cina antica. Rappresentano un punto di svolta nell'archeologia, mostrando il livello di sofisticazione e di potere raggiunto dalla dinastia Qin.

La scoperta dei Guerrieri di Terracotta è un ricordo vivido del nostro passato collettivo e della grandezza che l'umanità può raggiungere. Questo sito non è solo un tesoro della Cina, ma un patrimonio dell'intera umanità, un ponte tra il passato e il presente che continua a meravigliare e ad ispirare.

Capitolo 3: Tesori Scomparsi nel Medioevo

L'Arca dell'Alleanza: Mito e Realtà

"Tra sacro e profano: un viaggio nella storia di uno dei più grandi misteri della fede."

L'Arca dell'Alleanza, descritta nella Bibbia come il sacro contenitore delle Tavole della Legge date a Mosè su Monte Sinai, è uno dei più famosi e misteriosi tesori della storia umana. La sua storia è un intreccio di fede, leggenda e intrighi storici che hanno affascinato studiosi e avventurieri per secoli.

Le Descrizioni Bibliche

Secondo il Libro dell'Esodo, l'Arca era un'urna d'oro massiccio, adornata con figure cherubiche e trasportata dai figli di Israele durante le loro peregrinazioni nel deserto. Era il simbolo più sacro dell'Antico Testamento, rappresentando la presenza fisica di Dio tra il suo popolo.

Il Mistero della Scomparsa

La storia dell'Arca dopo l'istituzione del Primo Tempio di Gerusalemme è avvolta nel mistero. Non ci sono resoconti biblici o storici che descrivano in modo chiaro il suo destino dopo la distruzione del Tempio da parte dei Babilonesi nel 587 a.C. Questa assenza di informazioni ha alimentato innumerevoli teorie e leggende sulla sua possibile ubicazione.

Ipotesi e Speculazioni

Alcune tradizioni sostengono che l'Arca sia stata nascosta prima dell'arrivo dei Babilonesi, forse sotto il Monte del Tempio stesso. Altre narrazioni la collocano in Etiopia, custodita dalla Chiesa Ortodossa Etiope. E ancora, ci sono teorie che la vogliono trasportata in luoghi segreti, da Roma a Francia, e persino in America.

L'Arca nella Cultura Moderna

L'Arca dell'Alleanza non è solo un oggetto di ricerca storica, ma è diventata un'icona nella cultura popolare, simbolo di conoscenza perduta e potere divino. Romanzi, film e serie televisive hanno raffigurato l'Arca in vari modi, spesso mescolando realtà e finzione in storie avvincenti.

Importanza Religiosa e Culturale

Oltre al suo valore storico, l'Arca dell'Alleanza ha un significato profondo per le religioni ebraica e cristiana. È un simbolo di fede e di unione con il divino, un ricordo della storia biblica e delle sue lezioni.

Conclusione

L'Arca dell'Alleanza rimane uno dei più grandi misteri della storia. Il suo significato va oltre l'oggetto fisico: è un simbolo potente di fede, di storia e di mistero. La ricerca dell'Arca non è solo una caccia a un antico reliquiario, ma anche una ricerca di comprensione, di significato e di connessione con il nostro passato religioso e culturale. In questo viaggio attraverso il tempo e le leggende, l'Arca dell'Alleanza continua a essere un tesoro che sfida le nostre conoscenze e stimola la nostra immaginazione.

Il Santo Graal: Dalle Crociate ai Romanzi Arturiani

"La ricerca senza tempo di un calice leggendario."

Il Santo Graal, noto come il calice utilizzato da Gesù durante l'Ultima Cena e poi nella raccolta del suo sangue durante la Crocifissione, è una delle reliquie più enigmatiche e ricercate nella storia occidentale. Il suo mito attraversa religioni, culture, e epoche, evolvendosi da simbolo cristiano a oggetto centrale nelle leggende arturiane.

Origini Bibliche e Sviluppi Medievali

Le origini del Graal sono radicate nei racconti biblici, ma è nel Medioevo che il suo mito fiorisce. Le Crociate, con il loro incrocio di fede, guerra e scoperta, crearono il terreno fertile per storie di reliquie sacre e missioni divine. Il Graal emerge come un simbolo di purificazione e salvezza, un oggetto di desiderio che unisce il celeste e il terreno.

Le Leggende Arturiane

Il Santo Graal raggiunge il suo apice narrativo nelle leggende arturiane. Scrittori come Chrétien de Troyes e Thomas Malory trasformarono il Graal in un simbolo di virtù cavalleresca, un fine per le avventure dei cavalieri della Tavola Rotonda. La ricerca del Graal diventa una metafora del viaggio spirituale e morale, riflettendo i valori e le aspirazioni del Medioevo.

Interpretazioni e Speculazioni Moderne

Nel corso dei secoli, il Santo Graal ha assunto molteplici significati. Per alcuni è un simbolo puramente spirituale, per altri un oggetto reale e tangibile. La sua presunta storia è stata oggetto di innumerevoli speculazioni, da ipotesi che lo vogliono nascosto in luoghi segreti, come la misteriosa abbazia di Montserrat in Spagna, a teorie che lo collegano a società segrete e ordini religiosi.

Il Graal nella Cultura Contemporanea

Il fascino per il Santo Graal persiste nel mondo moderno. È un tema ricorrente in letteratura, film e televisione, spesso rappresentato come un oggetto di potere inestimabile o una chiave per segreti antichi. Questa continua fascinazione riflette la nostra attrazione per il mistero e il desiderio di una connessione più profonda con il passato e i suoi enigmi.

Il Santo Graal rimane uno dei più affascinanti tesori della storia. La sua ricerca, sia letterale che metaforica, è un viaggio attraverso la storia, la fede e la leggenda.

Questo calice, reale o simbolico, rappresenta la nostra eterna ricerca di significato, di redenzione e di un legame con qualcosa di più grande di noi stessi.

Capitolo 3: Tesori Scomparsi nel Medioevo

I Tesori dei Templari

"Un ordine leggendario e il suo perduto patrimonio."

I Cavalieri Templari, un ordine religioso e militare fondato nel XII secolo durante le Crociate, sono circondati da un alone di mistero e leggenda. Non solo erano rinomati per il loro valore in battaglia, ma anche per la loro vasta ricchezza e presunti segreti. La loro scomparsa e il destino dei loro tesori hanno alimentato la fantasia e le teorie cospirative per secoli.

L'Ascesa dei Templari

I Templari furono istituiti inizialmente per proteggere i pellegrini cristiani in Terra Santa. Col tempo, acquisirono grande potere e ricchezza, diventando uno degli ordini più influenti del Medioevo. Gestivano vasti tratti di terre in Europa, possedevano flotte di navi, e partecipavano a operazioni bancarie e finanziarie.

Il Mistero dei Loro Tesori

La leggenda narra che i Templari avessero accumulato un immenso tesoro, composto non solo di oro e argento, ma anche di reliquie sacre e conoscenze segrete. Si diceva che tra questi tesori ci fossero oggetti come il Santo Graal e l'Arca dell'Alleanza.

La Caduta e il Tesoro Scomparso

La caduta dei Templari fu altrettanto rapida e drammatica quanto la loro ascesa. Nel 1307, il re Filippo IV di Francia, gravato da debiti con l'ordine, orchestrò la loro caduta. I Templari furono arrestati, torturati e giudicati per eresia. L'ordine fu sciolto ufficialmente nel 1312 dal papa Clemente V.

Il destino dei loro tesori, tuttavia, rimase un mistero. Alcune teorie suggeriscono che il tesoro sia stato nascosto o trasportato in luoghi segreti, forse nelle Isole Britanniche o lungo la costa atlantica.

I Templari nella Cultura e nelle Teorie Moderne

I Templari hanno esercitato una forte influenza sull'immaginario collettivo, apparendo in numerose opere letterarie e cinematografiche. Sono stati oggetto di speculazioni e teorie cospirative, alcune delle quali li collegano a organizzazioni segrete esistenti e a misteriosi eventi storici.

Il fascino dei Templari e del loro tesoro perduto va oltre la storia. È un riflesso del nostro interesse per il mistero, per le società segrete e per la storia nascosta. Mentre la realtà del loro tesoro potrebbe non essere mai completamente svelata, la leggenda dei Templari continua a ispirare la ricerca di verità nascoste e di storie dimenticate.

Capitolo 4: Le Leggende dei Pirati e i loro Tesori

Il Tesoro di Capitan Kidd

"La caccia al tesoro di un pirata avvolto nel mistero."

Capitan William Kidd è una delle figure più enigmatiche e controverse della storia della pirateria. Un tempo considerato un rispettabile capitano di nave privata, Kidd divenne famoso per le sue imprese di pirateria e, soprattutto, per il leggendario tesoro che avrebbe nascosto prima della sua cattura e esecuzione.

Da Capitano a Pirata

La storia di Kidd è un viaggio attraverso le acque torbide della pirateria nel tardo XVII secolo. Originariamente incaricato di cacciare i pirati e proteggere le navi inglesi, Kidd si trovò ben presto coinvolto in atti di pirateria. La sua fama crebbe sia tra le autorità che tra i pirati, trasformandolo in una figura leggendaria.

Il Misterioso Tesoro

Si dice che Capitan Kidd abbia accumulato un enorme tesoro durante le sue scorribande. Prima della sua cattura, si racconta che abbia nascosto parte di questo tesoro in un luogo segreto. La sua esatta ubicazione è diventata uno dei più grandi misteri della storia della pirateria, alimentando innumerevoli ricerche e speculazioni.

La Caccia al Tesoro di Kidd

La caccia al tesoro di Capitan Kidd ha affascinato cacciatori di tesori, storici e appassionati per generazioni. Alcuni credono che il tesoro sia sepolto su Oak Island, al largo della Nuova Scozia, mentre altri sostengono che sia nascosto in altri luoghi lungo la costa orientale delle Americhe o nei Caraibi.

Leggenda e Realtà

Nel corso degli anni, vari ritrovamenti sono stati attribuiti al tesoro di Kidd, ma nessuno di questi si è rivelato conclusivo. La linea tra realtà e leggenda nel caso di Kidd è sfumata, rendendo difficile distinguere i fatti dalla finzione. Tuttavia, la sua figura rimane un'icona della cultura dei pirati e della loro era.

Conclusione del Capitolo

Il tesoro di Capitan Kidd, reale o immaginario, simboleggia l'eterna fascinazione dell'uomo per il mistero e l'avventura. La storia di Kidd e la sua caccia al tesoro sono un viaggio nel tempo, un'epoca in cui il mare era una frontiera selvaggia e i pirati erano tanto temuti quanto ammirati. La leggenda del suo tesoro perdura, un richiamo per tutti coloro che sognano di scoprire i segreti sepolti del passato.

La Banda di Barbanera e il Tesoro Maledetto

"Un capitano temuto e il suo leggendario bottino."

Edward Teach, meglio conosciuto come Barbanera, è una delle figure più iconiche e temute dell'epoca d'oro della pirateria. La sua imponente figura, la sua astuzia in battaglia e il suo presunto tesoro maledetto hanno alimentato l'immaginario collettivo per secoli.

L'Ascesa di Barbanera

Barbanera salì alla ribalta nel primo XVIII secolo, seminando il terrore nei Caraibi e lungo la costa atlantica delle Americhe. La sua nave, la Queen Anne's Revenge, divenne un simbolo di paura per i marinai e un baluardo per i pirati. Con la sua barba scura e i suoi metodi intimidatori, Barbanera divenne rapidamente un nome famoso in tutta l'epoca d'oro della pirateria.

Il Tesoro Maledetto

Si racconta che Barbanera avesse accumulato un tesoro considerevole, composto da oro, argento e preziosi. Tuttavia, come per molti pirati del suo tempo, il destino di questo tesoro è avvolto nel mistero. Alcune storie sostengono che Barbanera lo abbia nascosto in un luogo segreto, forse su un'isola remota dei Caraibi o lungo le coste della Carolina del Nord.

La Caccia Continua

Il mito del tesoro di Barbanera ha ispirato generazioni di cacciatori di tesori e appassionati di storia. Nonostante numerose ricerche e indagini, il luogo esatto dove potrebbe trovarsi il tesoro rimane un enigma. Questa ricerca ha contribuito a mantenere viva la leggenda di Barbanera, alimentando speculazioni e storie che si intrecciano tra realtà e finzione.

Barbanera nella Cultura Moderna

La figura di Barbanera ha lasciato un'impronta indelebile nella cultura popolare. È stato oggetto di numerosi film, libri e racconti, spesso rappresentato come l'archetipo del pirata crudele ma carismatico. La sua immagine e la leggenda del suo tesoro continuano a catturare l'immaginazione del pubblico, simbolo dell'epoca d'oro della pirateria e del suo misterioso fascino.

Conclusione del Capitolo

Barbanera e il suo presunto tesoro maledetto rappresentano non solo un capitolo avventuroso della storia marittima, ma anche un'epoca in cui il mare era una frontiera vasta e selvaggia, popolata da figure leggendarie. Il tesoro di Barbanera, reale o immaginario, rimane uno dei più grandi misteri della pirateria, un richiamo perpetuo alle storie di coraggio, inganno e avventura che hanno segnato quei tempi tumultuosi.

I Misteri dei Caraibi: Tesori Sommersi e Navi Fantasma

"Nelle acque turchesi, i segreti del mare attendono di essere scoperti."

I Caraibi, con le loro acque cristalline e le isole esotiche, sono stati il cuore dell'era della pirateria. Questa regione non solo è stata teatro di battaglie navali e scorrerie, ma è anche un cimitero di navi affondate, alcune delle quali si dice contenessero tesori inimmaginabili.

Navi Affondate e Tesori Sommersi

Durante il XVII e il XVIII secolo, i Caraibi furono una rotta cruciale per le navi spagnole cariche di oro, argento e gemme dalle Americhe. Molti di questi galeoni non completarono mai il loro viaggio, affondando a causa di tempeste, battaglie o sabotaggi. Questi relitti, dispersi sul fondo del mare, sono diventati oggetto di leggende e di caccia al tesoro.

La Caccia ai Relitti

La ricerca di questi relitti e dei loro tesori sommersi è stata per secoli un'impresa affascinante e pericolosa. Cacciatori di tesori, archeologi e avventurieri hanno esplorato i fondali dei Caraibi, sperando di scoprire i resti di navi cariche di ricchezze. Alcuni di questi relitti sono stati trovati e recuperati, offrendo uno sguardo unico sulla vita e il commercio dell'epoca.

Navi Fantasma e Leggende del Mare

Oltre ai tesori fisici, i Caraibi sono ricchi di storie e leggende. Tra queste, le più affascinanti sono quelle delle navi fantasma, come il famoso "Flying Dutchman", una nave condannata a navigare per l'eternità. Queste storie, nate dal timore e dal rispetto per il mare, sono diventate parte dell'immaginario popolare, simboli delle pericolose e misteriose acque caraibiche.

Il Fascino dei Caraibi

L'attrazione per i tesori sommersi e le storie di navi fantasma dei Caraibi risiede nel loro mistero e nella promessa di avventura. Questi racconti parlano di un'epoca in cui il mare era una frontiera inesplorata, ricca di pericoli e opportunità, e continuano a stimolare la nostra immaginazione.

I misteri dei Caraibi, con i loro tesori sommersi e le leggende di navi fantasma, sono un ricordo vivido dell'epoca d'oro della pirateria. Queste storie, che mescolano storia e mito, non solo offrono un affascinante sguardo nel passato, ma sono anche un richiamo all'avventura e alla scoperta che risuona ancora oggi.

L'Olandese Volante

L'Olandese Volante, noto in inglese come "The Flying Dutchman", è una delle leggende marittime più famose e misteriose, profondamente radicata nella cultura popolare e nella storia navale.

Origini della Leggenda

Racconti del Mare: La leggenda dell'Olandese Volante ha origini incerte, ma si ritiene sia nata nel XVII o XVIII secolo. La storia parla di una nave fantasma, condannata a navigare per sempre le acque oceaniche, incapace di raggiungere la riva. Secondo la leggenda, il capitano della nave, a volte identificato come Hendrick van der Decken, sfidò Dio o il diavolo (a seconda della versione) durante una tempesta terribile al Capo di Buona Speranza. Per la sua arroganza e bestemmia, lui e il suo equipaggio furono condannati a navigare eternamente, un presagio di sventura per chiunque avvistasse la loro nave spettrale.

Simbolismo e Interpretazioni

Maledizione e Redenzione: L'Olandese Volante è spesso interpretato come una metafora della redenzione irraggiungibile e della punizione eterna. Il suo viaggio senza fine è visto come un simbolo di disperazione e di una ricerca infinita e vana.

Presagi e Superstizioni: Nelle storie dei marinai, avvistare l'Olandese Volante era considerato un cattivo presagio, un segno di sventura imminente o di una tempesta in arrivo. Questa credenza riflette le profonde superstizioni marittime e il rispetto, a volte temuto, per i misteri del mare.

L'Olandese Volante nella Cultura Popolare

Arte e Letteratura: La leggenda dell'Olandese Volante ha ispirato numerosi artisti, scrittori e musicisti. Uno degli esempi più noti è l'opera di Richard Wagner "Der fliegende Holländer", che racconta una storia di maledizione e amore redentore.

Cinema e Intrattenimento: Nel mondo moderno, l'Olandese Volante è diventato famoso grazie al suo ruolo nei film della serie "Pirati dei Caraibi", dove è rappresentato come una nave fantasma con capacità soprannaturali, comandata dal capitano Davy Jones.

Conclusioni

Il mito dell'Olandese Volante rimane una delle più affascinanti e persistenti leggende del mare. Il suo richiamo attrae non solo per il suo mistero e la sua natura spettrale, ma anche per le domande più profonde che pone sulla natura umana, sulla redenzione e sul destino. La storia di questa nave fantasma continua a vivere nell'immaginario collettivo, un eterno simbolo del mare e dei suoi infiniti misteri.

El Dorado: La Città d'Oro

"Una leggenda che ha incantato esploratori e sognatori per secoli."

El Dorado, letteralmente "l'uomo dorato" in spagnolo, è una leggenda che ha affascinato esploratori, avventurieri e storici per generazioni. Inizialmente associata a un re o capo tribù ricoperto d'oro, la leggenda si è trasformata nella mitica ricerca di una città interamente costruita in oro, nascosta da qualche parte nelle dense giungle del Sud America.

Origini della Leggenda

La storia di El Dorado ha le sue radici nelle tradizioni indigene dell'America del Sud, in particolare tra i Muisca, un popolo che viveva nell'attuale Colombia. La leggenda narra di un loro re che, durante una cerimonia religiosa, si copriva di polvere d'oro e si immergeva in un lago sacro. Gli Spagnoli, sentendo queste storie, trasformarono El Dorado in una città opulenta piena di tesori inimmaginabili.

La Febbre dell'Oro e le Spedizioni

Dal XVI secolo in poi, El Dorado divenne l'obiettivo di numerose spedizioni. Conquistadores come Gonzalo Pizarro e Francisco de Orellana si avventurarono nell'entroterra, affrontando terreni impervi e pericoli sconosciuti nella speranza di scoprire la città perduta. Queste ricerche portarono spesso a scoperte geografiche importanti ma mai alla leggendaria città d'oro.

Impatto Culturale e Storico

La leggenda di El Dorado ha avuto un impatto significativo sulla storia e sull'immaginario collettivo. Ha stimolato l'esplorazione del continente americano e ha influenzato la politica coloniale europea. Nel tempo, El Dorado è diventato un simbolo di ricchezza e opportunità illimitate, rappresentando il sogno di scoperta e avventura.

El Dorado nella Cultura Moderna

El Dorado continua a essere un tema popolare nella letteratura, nel cinema e nei media. Rappresenta la ricerca umana dell'inesplorato e la speranza di trovare qualcosa di magico e straordinario oltre i confini del mondo conosciuto.

Conclusione del Capitolo

El Dorado, nella sua essenza, è più di una semplice leggenda. È un simbolo delle aspirazioni umane, della sete di scoperta e dell'eterna ricerca di tesori e meraviglie. Anche se la città d'oro non è mai stata trovata, la storia di El Dorado continua a ispirare e a stimolare la nostra immaginazione, ricordandoci che alcune delle più grandi avventure nascono dalla ricerca di sogni.

Capitolo 5: I Tesori Perduti delle Civiltà Americane

Il Tesoro degli Aztechi e la Conquista di Cortés

"Una storia di conquista, coraggio e perdita inestimabile."

Il tesoro degli Aztechi, una delle civiltà più avanzate e misteriose del Nuovo Mondo, è un capitolo affascinante e tragico nella storia dell'America precolombiana. La loro scomparsa ad opera di Hernán Cortés e dei conquistadores spagnoli è una storia che combina l'avidità, il coraggio, e la tragedia su una scala epica.

Gli Aztechi e il loro Impero

Prima dell'arrivo degli Spagnoli, gli Aztechi dominavano un vasto impero nell'attuale Messico. Conosciuti per le loro avanzate conoscenze astronomiche, architettoniche e artistiche, gli Aztechi avevano anche accumulato enormi ricchezze, comprese magnifiche opere in oro e argento, gemme preziose e oggetti rituali di inestimabile valore artistico e culturale.

L'Arrivo di Cortés e la Conquista

Nel 1519, il conquistador spagnolo Hernán Cortés sbarcò in Messico con l'intenzione di conquistare l'Impero Azteco. Attraverso una combinazione di astuzia militare, alleanze con popoli indigeni rivali degli Aztechi e l'uso brutale della forza, Cortés riuscì a catturare Tenochtitlán, la capitale azteca, e a deporre l'imperatore Montezuma II.

Il Saccheggio e la Perdita del Tesoro

Durante e dopo la conquista, gran parte del tesoro azteco fu saccheggiato, fuso e spedito in Spagna. Questo saccheggio rappresentò non solo una perdita materiale immensa per il popolo azteco, ma anche la distruzione di un patrimonio culturale insostituibile. Molti dei dettagli e delle opere d'arte che avrebbero potuto raccontarci di più sulla civiltà azteca sono andati perduti per sempre.

Il Mito del Tesoro Nascosto

La leggenda narra che una parte significativa del tesoro azteco sia stata nascosta per evitare che cadesse nelle mani degli Spagnoli. Questa storia ha alimentato innumerevoli spedizioni e ricerche, ma finora, un grande tesoro azteco nascosto non è mai stato scoperto.

Conclusione del Capitolo

Il tesoro degli Aztechi e la loro conquista da parte degli Spagnoli è una storia che incapsula la collisione tra due mondi. È un racconto di perdita incalcolabile, ma anche di resilienza e sopravvivenza culturale. La storia del tesoro azteco ci ricorda l'importanza del patrimonio culturale e la fragilità delle civiltà di fronte alle forze della storia.

I Misteri delle Città Maya

"Antiche città perdute nella giungla e i loro segreti insondabili."

Le civiltà Maya, fiorite per secoli nell'America Centrale prima dell'arrivo degli europei, hanno lasciato un'eredità di misteri e meraviglie. Le rovine delle loro città, alcune ancora nascoste sotto la fitta giungla, e i loro tesori inesplorati continuano a intrigare archeologi e avventurieri.

La Civiltà Maya e le Sue Città

I Maya erano noti per la loro sofisticata scrittura geroglifica, per le straordinarie conoscenze astronomiche e matematiche e per l'impressionante architettura. Le loro città, come Tikal, Palenque e Chichén Itzá, erano centri di potere e cultura, ricchi di templi maestosi, palazzi e monumenti.

La Scomparsa delle Città Maya

Nonostante la loro avanzata civiltà, molte città Maya furono abbandonate misteriosamente intorno al IX secolo. Le cause di questo declino sono state oggetto di dibattito tra gli studiosi, con teorie che vanno dai cambiamenti climatici ai conflitti interni e alle malattie. La giungla rapidamente reclamò queste città, nascondendole alla vista per secoli.

I Tesori e i Segreti Nascosti

Le città Maya sono state un'inesauribile fonte di tesori archeologici. Gli oggetti ritrovati, dalle stele scolpite ai gioielli e ai manufatti in ceramica, offrono un'immagine della vita, delle credenze e delle pratiche artistiche dei Maya. Tuttavia, molte città e i loro tesori rimangono nascosti o incompletamente esplorati, avvolti nel mistero e nella leggenda.

La Ricerca Moderna e le Scoperte

Con l'avanzamento delle tecnologie come il LIDAR (Light Detection and Ranging), gli archeologi stanno scoprendo nuove città e strutture Maya, ampliando la nostra comprensione di questa civiltà. Ogni nuova scoperta porta con sé ulteriori domande e approfondimenti sui Maya e sul loro misterioso declino.

Conclusione del Capitolo

Le città perdute dei Maya sono molto più di siti archeologici; sono finestre su un mondo scomparso, ricco di complessità e raffinatezza. Il loro studio continua a sfidare e arricchire la nostra comprensione della storia umana. Mentre gli archeologi disvelano i segreti di queste antiche metropoli, i tesori dei Maya ci parlano di un'epoca in cui l'arte, la scienza e la religione si intrecciavano in modi che continuano a stupirci.

Capitolo 6: Epoca Moderna: Tesori Perduti e Non Ritrovati

Il Tesoro di Yamashita nelle Filippine

"Un mistero della Seconda Guerra Mondiale avvolto in leggende e intrighi."

Il Tesoro di Yamashita, noto anche come il tesoro degli Yamashita, è uno dei più grandi misteri non risolti della Seconda Guerra Mondiale. Si ritiene che sia una collezione immensa di oro e preziosi che le forze giapponesi, guidate dal Generale Tomoyuki Yamashita, avrebbero nascosto nelle Filippine verso la fine della guerra.

Storia e Origini

Secondo varie teorie, il tesoro consisteva in beni saccheggiati dall'esercito giapponese in tutta l'Asia durante la loro campagna militare. Si dice che questi beni, che includevano oro, gemme, opere d'arte e altri oggetti di valore, siano stati trasportati nelle Filippine e nascosti in vari luoghi per evitare che cadessero nelle mani degli Alleati che avanzavano.

La Fine della Guerra e il Mistero

Con la resa del Giappone nel 1945 e la cattura di Yamashita, il destino del tesoro divenne un grande enigma. Yamashita fu processato e giustiziato per crimini di guerra, ma non rivelò mai se il tesoro esistesse e, in tal caso, dove fosse nascosto.

La Ricerca del Tesoro

Da allora, la ricerca del Tesoro di Yamashita ha attirato cacciatori di tesori, storici e avventurieri da tutto il mondo. Nonostante innumerevoli spedizioni e ricerche, la maggior parte delle quali nelle Filippine, il tesoro non è mai stato trovato, o almeno non sono stati resi pubblici ritrovamenti autentici.

Controversie e Teorie Cospirative

La storia del Tesoro di Yamashita è avvolta in controversie e teorie cospirative. Alcuni ritengono che parti del tesoro siano state recuperate segretamente da individui o governi. Altri suggeriscono che la storia del tesoro sia un mito, un'esagerazione delle attività di guerra del Giappone.

Impatto Culturale

Il mistero del Tesoro di Yamashita ha avuto un impatto significativo sulla cultura popolare, ispirando libri, film e programmi televisivi. È diventato un simbolo della natura enigmatica della guerra e delle storie nascoste che emergono dalle sue ceneri.

Conclusione

Il Tesoro di Yamashita rimane uno dei più grandi misteri irrisolti del XX secolo. Che sia una leggenda o una realtà, la storia del tesoro ci parla di un periodo tumultuoso della storia umana e stimola l'immaginazione con la possibilità di segreti nascosti e fortune perdute.

Capitolo 6: Epoca Moderna: Tesori Perduti e Non Ritrovati

L'Amber Room: La Stanza Scomparsa della Russia

"Un capolavoro artistico perduto nel vortice della storia."

La Stanza d'Ambra, conosciuta anche come l'Amber Room, era una camera di straordinaria bellezza situata nel Palazzo di Caterina a Tsarskoye Selo, vicino a San Pietroburgo, Russia. Costruita nel XVIII secolo e riccamente decorata con pannelli d'ambra, oro e specchi, la stanza è un esempio inestimabile dell'artigianato barocco.

Storia e Splendore

Originariamente costruita in Prussia e poi regalata allo Zar Pietro il Grande, la Stanza d'Ambra era una meraviglia architettonica e artistica. I suoi muri erano adornati con oltre sei tonnellate di ambra baltica, intagliata e disposta in intricati disegni, creando un effetto visivo sbalorditivo.

La Seconda Guerra Mondiale e la Scomparsa

Durante la Seconda Guerra Mondiale, quando i nazisti invasero l'Unione Sovietica, la Stanza d'Ambra fu smontata e trasportata in Germania. Dopo la guerra, il suo destino divenne uno dei più grandi misteri della storia dell'arte. Nonostante decenni di ricerche, la stanza originale non è mai stata ritrovata.

Teorie e Ricerche

Le teorie sulla scomparsa della Stanza d'Ambra variano. Alcuni ritengono che sia stata distrutta durante i bombardamenti, altri che sia stata nascosta in un luogo segreto in attesa di essere scoperta. Le ricerche hanno spaziato dalle miniere tedesche ai castelli polacchi e ai fondali del Mar Baltico, ma finora senza successo.

Ricostruzione e Memoria

Nel 2003, per celebrare il 300° anniversario di San Pietroburgo, una replica della Stanza d'Ambra fu completata e installata nel Palazzo di Caterina. Sebbene questa ricostruzione sia un omaggio al capolavoro originale, l'enigma della Stanza d'Ambra originale rimane irrisolto.

La storia della Stanza d'Ambra è una narrazione affascinante di bellezza, guerra e mistero. La sua scomparsa è un triste ricordo delle perdite culturali causate dai conflitti. Tuttavia, il suo ricordo e la sua leggenda continuano a vivere, simboli dell'arte perduta e della speranza che un giorno possa essere ritrovata.

I Tesori Nascosti del Terzo Reich

"I segreti sepolti di un regime oscuro."

Nelle fasi finali della Seconda Guerra Mondiale, mentre il Terzo Reich di Hitler si avvicinava al suo collasso, si diffuse il racconto di tesori nascosti accumulati dal regime nazista. Questi tesori, che comprendevano oro, opere d'arte, gioielli e altri beni preziosi, sono stati oggetto di leggende, ricerche e congetture per decenni.

Accumulo e Nascita del Mistero

Il Terzo Reich accumulò vasti tesori attraverso saccheggi, confische e razzie in tutta Europa. Man mano che le forze alleate avanzavano, i nazisti presero misure disperate per nascondere queste ricchezze. Si crede che abbiano nascosto questi tesori in vari luoghi, dalle miniere ai laghi, dai castelli alle grotte nascoste.

La Ricerca Postbellica

Dopo la guerra, la ricerca dei tesori nazisti divenne un'impresa che coinvolse sia le forze alleate che i cacciatori di tesori privati. Alcuni di questi tesori furono recuperati, ma si ritiene che una grande quantità rimanga ancora nascosta. Storie di treni carichi d'oro scomparsi e di depositi segreti hanno alimentato l'immaginazione e la speranza di scoperte sensazionali.

Opere d'Arte Perdute

Tra i tesori più ricercati ci sono le opere d'arte trafugate dai nazisti. Queste opere, molte delle quali appartenevano a famiglie ebree, rappresentano non solo un valore materiale immenso, ma anche una perdita culturale profonda. La restituzione di queste opere ai loro legittimi proprietari è un processo complicato e in corso.

Leggende e Teorie

Le teorie sul destino dei tesori nazisti sono numerose e spesso fantasiose. Alcune suggeriscono che siano stati trasferiti in paesi neutrali o usati per finanziare operazioni segrete postbelliche. Altre leggende parlano di mappe segrete e di codici da decifrare per scoprire i nascondigli.

Conclusione del Capitolo

Il mistero dei tesori nascosti del Terzo Reich è un capitolo oscuro e affascinante della storia moderna. Rappresenta non solo la cupidigia e i crimini del nazismo, ma anche la continua ricerca di giustizia e di verità nella storia postbellica. Mentre la caccia a questi tesori prosegue, ci ricordano le lezioni dolorose del passato e l'importanza della salvaguardia del patrimonio culturale.

Capitolo 7: Tesori Perduti in Mare

Il Mistero del Naufragio del San José

"Un relitto carico di leggende e oro, perso nelle profondità del mare."

Il galeone spagnolo San José, affondato nel 1708, è uno dei più famosi e ricercati relitti marini. La sua storia è un mix di guerra, tesori inimmaginabili e misteri irrisolti, che ha alimentato l'immaginazione di cacciatori di tesori e storici per secoli.

Storia e Contesto

Il San José era un galeone spagnolo, parte della flotta che trasportava ricchezze dalle Americhe alla Spagna. Naufragò il 8 giugno 1708 vicino alle coste di Cartagena, in Colombia, durante un combattimento con una flotta britannica nella Guerra di Successione Spagnola. Si ritiene che a bordo ci fossero tonnellate di oro, argento e gemme, il cui valore odierno è stimato in miliardi di dollari.

La Ricerca del Relitto

La posizione del San José è rimasta un mistero per oltre tre secoli. Numerose spedizioni sono state lanciate per localizzare il relitto, attirate dalla prospettiva di uno dei più grandi tesori mai perduti in mare. Tuttavia, la sfida di trovare un relitto in acque profonde e spesso turbolente ha reso la ricerca estremamente difficile.

La Scoperta e le Controversie

Nel 2015, il governo colombiano annunciò di aver trovato il relitto del San José. Tuttavia, la scoperta ha scatenato una serie di dispute legali e diplomatiche. Sono emerse questioni sulla proprietà del tesoro tra Colombia, Spagna e anche compagnie private di caccia al tesoro.

Il Valore Storico e Culturale

Oltre al suo inestimabile valore materiale, il relitto del San José è un sito di grande importanza storica e archeologica. Potrebbe offrire intuizioni preziose sulla vita a bordo di un galeone spagnolo e sulle dinamiche politiche ed economiche dell'epoca.

Conclusione del Capitolo

Il mistero del naufragio del San José non è solo una caccia a un tesoro. È un viaggio attraverso la storia marittima, un'indagine sui cambiamenti politici e sociali del

XVIII secolo e una riflessione sui dilemmi etici e legali legati al recupero dei tesori sommersi. La storia del San José continua a catturare l'immaginazione, unendoci in una narrativa comune di avventura, mistero e la ricerca eterna dell'uomo per scoprire i segreti nascosti nel mare.

La Flotta Perduta di Kublai Khan

"Una spedizione imperiale sommersa nei misteri del mare."

La Flotta Perduta di Kublai Khan rappresenta uno dei più grandi misteri della storia navale. Questa flotta, inviata dall'imperatore mongolo Kublai Khan per invadere il Giappone nel XIII secolo, affondò in circostanze misteriose, portando con sé tesori, equipaggiamenti e innumerevoli vite.

Le Invasioni del Giappone

Nel 1274 e nel 1281, Kublai Khan, il fondatore dell'Impero Yuan e nipote di Gengis Khan, lanciò due grandi invasioni marittime contro il Giappone. Nonostante la loro potenza militare, entrambe le spedizioni fallirono, in gran parte a causa di violenti tifoni, conosciuti in Giappone come "kamikaze" (venti divini), che distrussero la maggior parte della flotta.

Il Naufragio e il Tesoro Perduto

Si stima che migliaia di navi e decine di migliaia di soldati e marinai siano stati persi in questi naufragi. Oltre alle vite umane, si crede che queste navi trasportassero grandi quantità di oro, argento e altri tesori destinati a finanziare e sostenere le campagne militari.

Ricerche e Ritrovamenti

Nel corso degli anni, sono stati fatti diversi tentativi per localizzare e esplorare i resti di queste flotte. Alcuni relitti e artefatti sono stati trovati, offrendo uno sguardo sulla tecnologia navale dell'epoca e sulle ampie ambizioni imperiali di Kublai Khan.

Significato Storico

La storia della Flotta Perduta di Kublai Khan è importante non solo per il suo valore materiale, ma anche per il suo significato storico. Offre intuizioni sulla portata e le capacità dell'Impero Mongolo e sulle interazioni storiche tra Cina e Giappone.

Le Spedizioni Polari Perdute e i loro Tesori

"Il richiamo gelido del Nord e del Sud: storie di coraggio e mistero."

Le spedizioni polari perse rappresentano una delle pagine più avvincenti e tragiche della storia dell'esplorazione. Sia nell'Artico che nell'Antartico, numerosi esploratori hanno affrontato condizioni estreme nella ricerca di nuove frontiere, lasciando dietro di sé storie di coraggio, tragedia e misteriosi tesori.

La Conquista delle Regioni Polari

Dal XVIII al XX secolo, esploratori da diverse nazioni intrapresero spedizioni audaci per scoprire e mappare le regioni polari della Terra. Queste spedizioni erano motivate non solo dal desiderio di conoscenza e avventura, ma anche dalla competizione geopolitica e dalla ricerca di risorse.

Famose Spedizioni Perdute

Tra le spedizioni più note e tragiche ci sono quelle di Sir John Franklin nell'Artico, scomparso con i suoi uomini mentre cercava il Passaggio a Nord-Ovest, e quella di

Ernest Shackleton nell'Antartico, famosa per la straordinaria storia di sopravvivenza dopo il naufragio della sua nave, l'Endurance.

I Tesori delle Spedizioni Polari

Oltre all'aspetto umano e avventuroso, queste spedizioni portarono con sé oggetti di valore scientifico e storico. Documenti, diari, equipaggiamenti e talvolta relitti delle navi stesse sono considerati tesori per gli storici e gli archeologi, offrendo un'immagine diretta di queste audaci imprese.

Ricerche e Ritrovamenti

Negli ultimi anni, il progresso delle tecnologie di ricerca ha permesso di localizzare alcuni di questi relitti e di recuperare preziosi artefatti. Ogni ritrovamento è una finestra sul passato e contribuisce a completare la narrazione di queste avventure eroiche.

Conclusione

Le spedizioni polari perdute e i loro tesori raccontano storie di eroismo, resistenza e la lotta dell'uomo contro gli ambienti più estremi della Terra. Mentre continuiamo a cercare e a volte a trovare i resti di queste spedizioni, riscopriamo capitoli dimenticati della storia umana e riaffermiamo il nostro legame con gli audaci esploratori del passato.

Capitolo 8: Tesori Perduti e Leggende Urbane

La Camera d'Oro di Nuremberg

"Un enigma nascosto tra le pieghe della storia europea."

La Camera d'Oro di Nuremberg è una leggenda affascinante che affonda le sue radici nella storia medievale europea. Si narra di una stanza segreta, nascosta da qualche parte nella città di Norimberga, in Germania, ricoperta d'oro e piena di tesori inimmaginabili.

Origini della Leggenda

Le origini di questa leggenda non sono chiare, ma si ritiene che risalga al Medioevo, un'epoca in cui Norimberga era un importante centro commerciale e culturale. La Camera d'Oro sarebbe stata una stanza segreta dove venivano custoditi tesori accumulati dai ricchi mercanti della città o forse dallo stesso imperatore.

La Ricerca della Camera

Nel corso dei secoli, la leggenda della Camera d'Oro ha ispirato numerosi cercatori di tesori e appassionati di storia. Alcuni hanno ipotizzato che la camera potesse essere nascosta nelle intricate reti di tunnel sotto la città vecchia, mentre altri hanno suggerito che potesse essere una metafora per la ricchezza e il potere di Norimberga nel Medioevo.

Contesto Storico e Culturale

Norimberga, nota per la sua ricca storia e per essere stata un centro di arte e innovazione, offre il contesto perfetto per una tale leggenda. La città ha giocato un ruolo cruciale in vari momenti storici, dalla sua ascesa come potenza commerciale medievale alla sua tragica importanza durante il regime nazista.

Impatto della Leggenda

La Camera d'Oro di Nuremberg ha avuto un impatto significativo sull'immaginario collettivo, rappresentando non solo la ricerca di tesori materiali, ma anche il fascino per il misterioso e l'occulto. La leggenda si inserisce nel ricco tessuto di miti e storie che caratterizzano la storia europea. La Camera d'Oro di Nuremberg, reale o immaginaria, è un simbolo della continua ricerca umana per scoprire i segreti nascosti del passato. Essa rappresenta il nostro desiderio di esplorare, di sognare e di immaginare, e di connetterci con le storie e i misteri che hanno plasmato la nostra storia.

Il Tesoro di Alarico e il Fiume Busento

"Una sepoltura leggendaria e un tesoro scomparso nelle pagine della storia."

Il Tesoro di Alarico è uno dei più affascinanti misteri della storia antica. Alarico I, il re dei Visigoti, noto per aver saccheggiato Roma nel 410 d.C., avrebbe sepolto un enorme tesoro lungo le rive del Fiume Busento, in Italia, prima della sua morte.

La Storia di Alarico e dei Visigoti

Alarico fu una figura chiave nel periodo delle grandi migrazioni barbariche che segnò il declino dell'Impero Romano d'Occidente. Dopo aver saccheggiato Roma, uno dei primi capi barbarici a farlo, Alarico si diresse verso il sud dell'Italia, progettando di attraversare l'Africa. Tuttavia, morì nel 410 d.C. a Cosenza, e secondo la leggenda, fu sepolto con i suoi tesori nel letto del Fiume Busento.

La Sepoltura e il Tesoro

La leggenda racconta che i prigionieri visigoti deviarono temporaneamente il corso del fiume Busento, seppellirono Alarico con i suoi tesori nel suo letto asciutto, e poi ridirezionarono il fiume sul suo corso originale, per nascondere la tomba. Successivamente, i prigionieri furono uccisi per mantenere segreta la posizione del tesoro.

Ricerche e Speculazioni

Nel corso dei secoli, molti hanno cercato il Tesoro di Alarico, attratti dalla prospettiva di ricchezze incalcolabili. Tuttavia, nonostante le numerose ricerche, il tesoro non è mai stato trovato, e alcuni dubitano della sua esistenza.

Il Valore Culturale e Storico

Al di là del suo valore materiale, il Tesoro di Alarico è un simbolo potente delle trasformazioni culturali e politiche che hanno caratterizzato il passaggio dall'antichità al Medioevo. La sua storia riflette la fine di un'era e l'inizio di un'altra nella storia europea.

Il Tesoro di Alarico, sepolto nelle acque del Busento o solo nelle pagine della storia, rimane un potente richiamo all'immaginario collettivo. Questa leggenda è un ponte tra passato e presente, un promemoria della nostra continua fascinazione per i misteri non risolti e le storie perdute del tempo.

Capitolo 8: Tesori Perduti e Leggende Urbane

Il Tesoro del Lago Toplitz

"Un lago austriaco, la Seconda Guerra Mondiale e un mistero irrisolto."

Il Lago Toplitz, situato nelle remote montagne della Stiria, in Austria, è al centro di una delle più intriganti leggende legate alla Seconda Guerra Mondiale: si dice che nasconda un tesoro nazista, forse composto da oro, documenti segreti o persino falsi sterline inglesi.

La Seconda Guerra Mondiale e il Lago Toplitz

Verso la fine della Seconda Guerra Mondiale, con il Terzo Reich in rovina, si crede che i nazisti abbiano utilizzato il Lago Toplitz come sito per nascondere beni preziosi e documenti comprometenti. La sua ubicazione remota e le acque profonde e fredde lo rendevano un nascondiglio ideale.

Operazione Bernhard e i Falsi Sterline

Una delle storie più famose legate al lago è quella dell'Operazione Bernhard, un piano nazista per destabilizzare l'economia britannica stampando false sterline. Si ritiene che grandi quantità di queste banconote false siano state gettate nelle acque del Lago Toplitz alla fine della guerra.

Ricerche e Scoperte

Nel corso degli anni, diverse spedizioni hanno esplorato il lago, alcune delle quali hanno effettivamente trovato banconote false e altri oggetti. Tuttavia, le condizioni pericolose del lago hanno limitato le ricerche e il tesoro principale, se esiste, rimane nascosto.

Miti e Realtà

Il mistero del Lago Toplitz è avvolto in un mix di fatti convalidati e leggende urbane. Mentre alcune storie possono essere esagerate o infondate, il lago rimane un simbolo delle oscure attività dei nazisti nei giorni finali della guerra e un richiamo per coloro che cercano tesori perduti.

Conclusione del Capitolo

Il Tesoro del Lago Toplitz, reale o immaginario, è un capitolo affascinante nella storia della Seconda Guerra

Mondiale. Ci ricorda come i conflitti possono creare misteri duraturi e come la verità può talvolta essere più strana della finzione. La leggenda del lago continua a stimolare la curiosità e la fantasia, unendo la storia con il mistero in un enigma ancora da risolvere.

Capitolo 9: Metodologie di Ricerca e Scoperta

Archeologia Moderna e Ricerche Subacquee

"Tecnologia e innovazione nell'esplorazione dei misteri nascosti."

L'archeologia moderna e le ricerche subacquee hanno rivoluzionato il modo in cui esploriamo e comprendiamo il nostro passato. Con l'avvento di nuove tecnologie e metodologie, gli archeologi possono ora raggiungere luoghi che erano precedentemente inaccessibili, scoprendo tesori e segreti sommersi.

Archeologia Moderna

L'archeologia moderna si avvale di una vasta gamma di tecnologie avanzate. Queste includono il radar a penetrazione terrestre (GPR), il LIDAR (Light Detection and Ranging) per rilevamenti aerei, e vari metodi di datazione come il radiocarbonio. Questi strumenti permettono agli archeologi di esplorare siti in modo non invasivo, identificando strutture nascoste sotto la superficie terrestre o vegetale.

Ricerche Subacquee

La ricerca subacquea si concentra sull'esplorazione di siti sommersi, come antiche città, relitti di navi e strutture sommerse. Tecnologie come il sonar, i ROV (Remote Operated Vehicles) e l'equipaggiamento per le immersioni avanzate hanno aperto nuovi orizzonti nell'esplorazione sottomarina. Gli archeologi possono ora studiare relitti e strutture in profondità, conservando e documentando i loro ritrovamenti con una precisione senza precedenti.

Importanza nelle Scoperte Storiche

Queste metodologie moderne hanno portato a scoperte rivoluzionarie. Siti come la città sommersa di Thonis-Heracleion in Egitto o i relitti di navi antiche nel Mar Mediterraneo sono stati esplorati e studiati, fornendo nuove intuizioni sulla nostra storia. Ogni scoperta aggiunge un pezzo al puzzle delle civiltà passate e della storia umana.

Sfide e Considerazioni Etiche

Nonostante i progressi tecnologici, l'archeologia moderna e le ricerche subacquee presentano sfide uniche. Queste includono la conservazione dei siti esplorati, la protezione contro i saccheggi e la gestione etica delle scoperte, specialmente quando coinvolgono resti umani o tesori culturali.

Conclusione

L'archeologia moderna e le ricerche subacquee sono strumenti fondamentali per svelare i segreti del nostro passato. Mentre continuiamo a esplorare e a scoprire, questi metodi ci aiutano a connetterci con la nostra storia in modi sempre più profondi e significativi, permettendoci di preservare il nostro patrimonio per le future generazioni.

Tecnologie Avanzate nella Ricerca di Tesori

"All'avanguardia dell'esplorazione: strumenti che ridefiniscono i confini della scoperta."

L'avanzamento delle tecnologie ha giocato un ruolo cruciale nell'evoluzione della ricerca di tesori, permettendo agli esploratori e agli archeologi di raggiungere e analizzare siti che una volta erano inaccessibili o troppo pericolosi da esplorare.

Imaging Satellitare e LIDAR

L'uso dell'imaging satellitare e del LIDAR ha rivoluzionato la ricerca archeologica. Queste tecnologie permettono di mappare vaste aree terrestri e rivelare strutture nascoste sotto la vegetazione o il terreno. Sono stati particolarmente utili nell'individuazione di siti antichi in regioni remote o difficili da raggiungere, come le dense giungle dell'America Centrale o le foreste dell'Asia del Sud-Est.

Sonar e Tecnologia Subacquea

Per la ricerca subacquea, il sonar e i ROV avanzati hanno aperto nuove possibilità. Questi strumenti possono sondare i fondali marini, rilevando la presenza di relitti e strutture sommerse. La tecnologia subacquea ha permesso di esplorare profondità oceaniche prima irraggiungibili, conducendo a scoperte significative di navi affondate e città sommerse.

Datazione e Analisi dei Ritrovamenti

Le tecniche avanzate di datazione, come la spettrometria di massa con acceleratore e la datazione al radiocarbonio, offrono metodi più precisi per determinare l'età di artefatti e siti archeologici. Queste tecnologie aiutano a stabilire cronologie accurate e a comprendere meglio il contesto storico delle scoperte.

Realtà Virtuale e Ricostruzioni 3D

La realtà virtuale (VR) e le ricostruzioni 3D stanno trasformando il modo in cui interagiamo con i siti storici. Queste tecnologie permettono di creare simulazioni dettagliate di siti archeologici, rendendo possibili visite virtuali e analisi approfondite di strutture e oggetti senza la necessità di escavazioni invasive.

Conclusione del Capitolo

Le tecnologie avanzate nella ricerca di tesori stanno aprendo nuovi orizzonti nell'esplorazione del nostro passato. Mentre continuiamo a sviluppare e applicare questi strumenti innovativi, si ampliano le nostre capacità di scoprire, analizzare e preservare i tesori nascosti della storia umana, garantendo che le loro storie continuino a essere raccontate.

In questo sottocapitolo, esploriamo come le tecnologie avanzate stiano trasformando la ricerca di tesori, dalla scoperta di siti antichi alla datazione e analisi dei ritrovamenti, evidenziando il loro impatto significativo nel campo dell'archeologia e della conservazione storica.

Problematiche Etiche e Legali nella Ricerca di Tesori

"Tra scoperta e tutela: navigare le acque complesse dell'archeologia moderna."

La ricerca di tesori, sia storici che archeologici, solleva una serie di questioni etiche e legali importanti. Mentre la tecnologia ha ampliato le nostre capacità di scoperta, ha anche portato alla luce la necessità di bilanciare l'esplorazione con la conservazione responsabile.

Diritti di Proprietà e Sovranità

Una delle principali questioni etiche riguarda i diritti di proprietà e la sovranità nazionale sui tesori trovati. Chi ha il diritto di reclamare i tesori scoperti? Le nazioni dove i tesori vengono trovati, i discendenti delle culture originarie, o gli esploratori e gli archeologi che li scoprono? Queste domande sono al centro di molti dibattiti legali e diplomatici.

La Distruzione di Siti Storici

Un'altra preoccupazione etica riguarda la potenziale distruzione di siti storici durante il processo di ricerca e recupero. L'esplorazione invasiva può danneggiare irreparabilmente siti di valore storico e culturale. Pertanto, è essenziale bilanciare la ricerca con metodi di conservazione che proteggano l'integrità dei siti.

Commercio Illecito di Antichità

Il commercio illecito di antichità è un problema globale. Molti tesori vengono saccheggiati e venduti illegalmente, portando alla perdita di importanti informazioni storiche e culturali. Combattere il saccheggio e il mercato nero di artefatti storici è una sfida cruciale per la comunità internazionale.

Restituzione e Riparazione

Le questioni di restituzione e riparazione di artefatti culturali a nazioni o gruppi indigeni sono centrali nel dibattito etico. In molti casi, oggetti e tesori sono stati rimossi dai loro contesti originali durante periodi coloniali o conflitti. La restituzione di questi oggetti alle loro patrie o popoli originari è una questione di giustizia storica e culturale.

La ricerca di tesori non è solo una questione di scoperta e avventura. È anche un campo minato di questioni etiche e legali che richiedono un attento equilibrio tra la volontà di esplorare e la necessità di proteggere, conservare e rispettare il nostro patrimonio culturale e storico.

Affrontare queste sfide è fondamentale per garantire che la ricerca di tesori avvenga in modo responsabile e sostenibile.

Conclusione

Riflessioni sul Valore Storico e Culturale dei Tesori

"Oltre l'oro e le gemme: comprendere l'eredità del nostro passato."

Questo viaggio attraverso i tesori perduti della storia ci ha portato a esplorare angoli remoti del mondo e periodi oscuri del passato. Ma, al di là del fascino per l'oro e le ricchezze materiali, queste storie ci rivelano qualcosa di più profondo sul valore storico e culturale dei tesori.

Tesori Come Custodi della Storia

Ogni tesoro, grande o piccolo, è un custode di storie. Siano essi opere d'arte, monete antiche, manufatti religiosi o semplici oggetti quotidiani, raccontano la storia delle culture che li hanno creati. Svelano le interazioni umane, le credenze, le aspirazioni e le tragedie di persone che hanno vissuto molto tempo prima di noi.

Simboli di Civiltà Perdute

I tesori perduti sono spesso tutto ciò che rimane di civiltà scomparse. Sono finestre sulle epoche d'oro di antichi imperi, sui periodi bui della guerra e della distruzione, e sui momenti di scoperta e innovazione. Attraverso di essi, possiamo apprendere e ammirare l'eredità lasciata da coloro che ci hanno preceduto.

Lezioni dal Passato

Oltre al loro valore intrinseco, i tesori ci insegnano preziose lezioni. Ci ricordano la transitorietà del potere e della ricchezza, l'importanza della conservazione e del rispetto per le culture diverse e la necessità di studiare e comprendere la nostra storia comune.

Un Ponte tra Passato e Presente

Infine, i tesori perduti sono un ponte tra il passato e il presente, tra la storia e la mitologia. Ci collegano in modo tangibile alle generazioni precedenti, permettendoci di toccare, vedere e sentire la fisicità del passato.

Conclusione del Libro

In conclusione, la ricerca dei tesori perduti è molto più di una caccia alle ricchezze. È un viaggio nell'anima umana, un'esplorazione delle profondità della nostra storia e cultura. Mentre continuiamo a cercare e, talvolta, a scoprire questi tesori, ricordiamo che il vero valore non sta nell'oro o nelle gemme, ma nelle storie, nelle conoscenze e nelle connessioni che essi rappresentano.

L'Eterno Fascino del Mistero

"Un viaggio senza fine attraverso i segreti del tempo."

Attraverso la nostra esplorazione dei tesori perduti e delle loro storie, emerge un tema universale e intramontabile: il fascino eterno del mistero. Questo fascino, radicato profondamente nell'animo umano, ci spinge a cercare, a domandare e a immaginare, continuando a alimentare la nostra curiosità e il nostro desiderio di scoperta.

La Sfida del Non Conosciuto

Il mistero rappresenta la sfida del non conosciuto, l'invito a esplorare ciò che è nascosto, dimenticato o perduto. Questa ricerca va oltre la semplice acquisizione di conoscenza; è una ricerca intrinseca dell'uomo per comprendere il proprio posto nel mondo e nelle pieghe della storia.

Storie che Trascendono il Tempo

I tesori perduti, con i loro misteri e segreti, sono storie che trascendono il tempo. Sono racconti che connettono generazioni, culture e epoche diverse, dimostrando che, nonostante le distanze temporali e geografiche, condividiamo un'eredità comune nella ricerca di significato e comprensione.

Simboli di Avventura e Scoperta

Il mistero di questi tesori simboleggia la nostra avventura collettiva e la nostra inesauribile sete di scoperta. Ogni storia di tesori perduti è un invito all'avventura, una chiamata a esplorare non solo il mondo fisico, ma anche le profondità della nostra immaginazione e delle nostre aspirazioni.

In conclusione, il viaggio attraverso i tesori perduti della storia non è solo un percorso attraverso luoghi e tempi lontani; è un'esplorazione del cuore umano e della sua eterna fascinazione per il mistero. Queste storie, miti e leggende continuano a ispirarci, a sfidare le nostre percezioni e a ricordarci che ci sono sempre nuovi misteri da scoprire, nuove storie da raccontare e nuove avventure da vivere.